BEI GRIN MACHT SICH
WISSEN BEZAHLT

- Wir veröffentlichen Ihre Hausarbeit,
  Bachelor- und Masterarbeit

- Ihr eigenes eBook und Buch -
  weltweit in allen wichtigen Shops

- Verdienen Sie an jedem Verkauf

Jetzt bei www.GRIN.com hochladen
und kostenlos publizieren

Oliver Gebauer

Die Welt-Systemtheorie von Immanuel Wallerstein

GRIN Verlag

Bibliografische Information der Deutschen Nationalbibliothek:

Die Deutsche Bibliothek verzeichnet diese Publikation in der Deutschen National-
bibliografie; detaillierte bibliografische Daten sind im Internet über http://dnb.d-
nb.de/ abrufbar.

Impressum:

Copyright © 2010 GRIN Verlag GmbH
Druck und Bindung: Books on Demand GmbH, Norderstedt Germany
ISBN: 978-3-640-84272-8

Dieses Buch bei GRIN:

http://www.grin.com/de/e-book/167675/die-welt-systemtheorie-von-immanuel-
wallerstein

GRIN - Your knowledge has value

Der GRIN Verlag publiziert seit 1998 wissenschaftliche Arbeiten von Studenten, Hochschullehrern und anderen Akademikern als eBook und gedrucktes Buch. Die Verlagswebsite www.grin.com ist die ideale Plattform zur Veröffentlichung von Hausarbeiten, Abschlussarbeiten, wissenschaftlichen Aufsätzen, Dissertationen und Fachbüchern.

Besuchen Sie uns im Internet:

http://www.grin.com/

http://www.facebook.com/grincom

http://www.twitter.com/grin_com

Ruprecht-Karls-Universität Heidelberg
Fakultät für Wirtschafts- und Sozialwissenschaften
Alfred-Weber-Institut für Wirtschaftswissenschaften
Entwicklungspolitisches Blockseminar im WS 2009/2010
Seminartitel: Die Entwicklungsländer in der (neuen) Weltwirtschaftsordnung

Die Welt-Systemtheorie von Immanuel Wallerstein

Oliver Gebauer

13. Semester
Diplom-Volkswirtschaftslehre
Wahlpflichtfach Entwicklungspolitik

Inhaltsverzeichnis

Abstract

Marxismus, Annales-Schule und Dependenztheorie bilden für Immanuel Wallerstein die we-
sentliche Grundlage dafür, die globalen Zusammenhänge unserer heutigen Welt umfassend zu
erklären. Der US-Sozialwissenschaftler entwickelte ab den späten 1960er Jahren die Weltsystemtheorie, nach der sich ein kapitalistisches, arbeitsteiliges System als Reaktion auf die Krise
des Feudalismus von Europa ausgehend während der vergangenen Jahrhunderte kontinuier-
lich verbreitete und seit Beginn des 20. Jahrhunderts alle Regionen der Erde umfasst. Im kapitalistischen modernen Weltsystem kommt den Nationalstaaten eine untergeordnete Bedeutung
zu; sie unterliegen den Gesetzmäßigkeiten und Einwirkungen der globalen Weltwirtschaft.
Ihre Differenzierung erfolgt anhand der jeweiligen hierarchischen Position im Produktionsprozess. Die gezielte Etablierung unterschiedlicher Ideologien wie des Nationalismus, Rassismus oder Sexismus dienen laut Wallerstein der Stabilisierung des Systems. Indes ein System
ohne Zukunft: Der Wissenschaftler sieht das Ende des globalen modernen Weltsystems innerhalb der nächsten 30 Jahre voraus.

1. Einleitung

Die Weltsystemtheorie als eine Synthese aus marxistischem Gedankengut, eurozentrischem Historizismus und „Third World Radicalism" (Goldfrank 2000: 150) wird zentral mit Immanuel Wallerstein in Verbindung gebracht, der mit seinen Werken über das moderne Weltsystem zur Weiterentwicklung der historischen Soziologie und der heutigen Entwicklungstheorie essenziell beigetragen hat. Die historisch vergleichende, polit-ökonomische Makrotheorie Wallersteins erhebt nichts geringeres als den Anspruch, die Geschichte, Struktur und die Dynamik des kapitalistischen Systems umfassend zu erklären (vgl. Matis/Bachinger 2004: 17). Der bedeutendste und innovativste Aspekt in Wallersteins Überlegungen ist dabei die Neukonzeptionierung des gesellschaftlichen Wandels im Hinblick auf seinen gesamtheitlichen Ansatz, indem er versucht, die Sozialwissenschaften zu historisieren und die Kluft zwischen den universalisierenden Generalisten (Theorie) und den idiographischen Partikularisten (Geschichte) zu überwinden. Wallerstein postuliert eine kapitalistische Weltökonomie als seine analytische Basis der heutigen Weltordnung. Diese Weltökonomie ist in unterschiedlich produktive Strukturen differenziert, welche in verschieden potenten Zonen und konkurrierenden Staaten angesiedelt sind, wobei Wallerstein den Ursprung dieser Strukturierung des kapitalistischen Weltsystems nicht im 17. oder 18. Jahrhundert, sondern bereits spätestens im 16. Jahrhundert verortet. Seit Wallersteins ersten Ausführungen zur Thematik des modernen Weltsystems hat er sich ebenso für eine Neuorganisation der Sozialwissenschaften eingesetzt, welche eine Neuausrichtung der Sozialwissenschaften in ihren erkenntnistheoretischen Methoden einfordert. Er beeinflusste mit seiner Theorie zum modernen Weltsystem wie kein anderer Wissenschaftler zuvor viele historisch ausgerichtete Sozialwissenschaftler. Denjenigen, die nach einem grundlegenden Paradigma für langfristige makrotheoretische Untersuchungen in Bezug auf Veränderungsprozesse suchten, welche sich insbesondere in unserer heutigen globalisierten Welt entfalten, bietet Wallerstein mit seiner Theorie eine Basis. Auf der anderen Seite wurden Elemente der Weltsystemtheorie von konventionelleren Praktikern der sozialwissenschaftlichen Analyse übernommen. Wallersteins theoretische Neudeutung des Nationalstaates als Variable in einem interdependenten kapitalistischen System, aus dem das System der Nationalstaaten selbst entstanden sei, sowie seine Kritik am Kapitalismus und die Prophezeiung seines Niedergangs machen Immanuel Wallerstein zu einer Ikone der Globalisierungs- und Kapitalismuskritiker. So stieß Wallerstein mit seinen Überlegungen auch besonders in der Peripherie seines Weltsystems auf offene Ohren und erhielt eine höhere Rezeption, als dies in den Kernstaaten des Wallersteinschen Weltsystems der Fall ist (vgl. Goldfrank 2000: 151f.).

In dieser Arbeit wird die Theorie des modernen Weltsystems von Immanuel Wallerstein präsentiert. Zunächst erfolgt in Kapitel 2 ein einführender Teil, der Wallersteins grundlegende Positionen skizziert und theoriegeschichtlich verortet. Das dritte Kapitel beleuchtet ausführlich das moderne Weltsystem Wallersteins. Kapitel 4 widmet sich der Kritik am modernen Weltsystem. Die Arbeit schließt mit einem Fazit.

2. Positionen

Die Weltsystemtheorie steht eng mit Immanuel Wallerstein in Verbindung. Um sie besser zu verstehen, ist es sinnvoll, zuerst Wallersteins Biografie zu betrachten (Kapitel 2.1), die seine Sichtweise auf die Staatenwelt entscheidend beeinflusst hat (Kapitel 2.2). Anschließend wird die Theorie in ihren theoriegeschichtlichen Kontext gestellt (Kapitel 2.3).

2.1 Zur Person Immanuel Wallerstein

Immanuel Maurice Wallerstein wurde am 28. September 1930 in New York geboren und studierte an der dort ansässigen Columbia University. Hier erwarb er 1959 den Doktortitel und lehrte zunächst auch dort, bis er 1971 an der McGill-Universität in Montreal in Kanada eine Soziologie-Professur erhielt. 1976 entschied sich Wallerstein für einen Wechsel an die renommierte State University of New York, an der er zudem Direktor des dortigen Fernand Braudel Centers wurde, welches sich mit der Analyse von langfristigen gesellschaftlichen Veränderungen auseinandersetzt. Wallerstein bekleidete und bekleidet bis heute zahlreiche Ämter: So war er zum Beispiel zwischen 1994 und 1998 Präsident der International Sociological Association und von 1993 bis 1995 Vorsitzender der Gulbenkian-Kommission, die sich mit der Neustrukturierung der Sozialwissenschaften beschäftigte (vgl. Yale University 2009).

Zu der Entwicklung seiner Weltsystemtheorie trugen maßgeblich Wallersteins Forschungsaufenthalte in Afrika bei. In den Jahren 1955 bis 1957 forschte Wallerstein auf dem sich damals in einem Dekolonisationsprozess befindenden Kontinent und entwickelte Sympathien für die afrikanischen Befreiungsbewegungen. Wallerstein beschäftigte sich ausgiebig mit der afrikanischen Gesellschaft, bereiste drei Viertel der afrikanischen Staaten und wurde 1973 sogar Präsident der African Studies Association (vgl. ebd.). Sein Engagement spiegelte sich in den damaligen wissenschaftlichen Veröffentlichung wider und bildete die Basis für die späteren Arbeiten Wallersteins.

Die Wallersteinsche Kritik an der in den 1960er Jahren dominierenden Modernisierungstheorie mündete in seine Weltsystemtheorie, welche bis heute als erfolgreichstes Gegenmodell zu modernisierungstheoretischen Modellen und als vielbeachtete Weiterentwicklung des Dependenzansatzes angesehen werden kann. 1974 veröffentlichte Wallerstein den ersten Band seines dreiteiligen Hauptwerkes zur Thematik der Weltsystemtheorie, welche er seither mit zahlreichen Veröffentlichungen vertritt (vgl. Binghamton University 2004).

2.2 Wallersteins Sichtweise der Nationalstaaten

Als Reaktion auf die Krise des Feudalismus hatte sich nach Wallerstein bereits bis 1640 eine moderne kapitalistische Weltwirtschaft entwickelt, die auf der endlosen Akkumulation von Kapital und Arbeitsteilung beruht, jedoch zunächst „ausgedehnt, aber schwach war" (Wallerstein 1986: 100). Anfänglich zunächst in Europa zu beobachten, hat sich dieses System im Verlauf der Jahrhunderte global ausgeweitet (siehe Kapitel 3.1). Seit Anfang des 20. Jahrhunderts schließt das System alle Weltregionen ein, was Wallerstein mit *Inkorporierung* betitelt (vgl. Hack 2005: 129). Das moderne Weltsystem sei ein globales ökonomisches System, „das aber keine politische Einheit darstellt" (Sangmeister/Schönstedt 2009: 79). Das Adjektiv *modern* betont die absolute Einzigartigkeit des Systems, welche sich durch die Triebfedern des Systems, die *kapitalistische Produktionsweise* (siehe auch Kapitel 3.4) und durch Kapitalakkumulation auszeichnet. In vorangegangenen Weltreichen wurde zwar ebenso Kapital angehäuft, jedoch fand keine Institutionalisierung der kapitalistischen Produktionsweise statt. Im Kapitalismus hingegen wird nach Wallerstein die Kapitalakkumulation um ihrer selbst Willen betrieben mit dem Ziel, immer mehr Kapital anzusammeln (vgl. Wallerstein 1984: 10ff.).

Wallersteins Analysen sind nicht nationenzentriert, das heißt Staaten werden nicht als mehr oder weniger eigenständige, nach politischen Grenzen definierte Systeme betrachtet, welche miteinander in Koexistenz stehen und sich vor allem im Kontext der politischen internationalen Beziehungen austauschen.

In der staatszentrierten Betrachtungsweise durchlaufen Nationen jeweils eigene Entwicklungsprozesse, welche in verschiedenen Staaten gleichzeitig oder zu unterschiedlichen Zeitpunkten evolutionär ablaufen können. Dieser Entwicklungsprozess führe zu relativ ähnlichen Ergebnissen und bringe sehr ähnliche Strukturen und Institutionen hervor. Indem man nun also die Entwicklungsfortschritte in den verschiedenen Staaten vergleicht und die am stärksten entwickelten Staaten als Vorbilder heranzieht, könne man anhand der Analyse des Status quo Entwicklungskonzepte entwerfen und Handlungsempfehlungen an die unterentwickelten Staaten erteilen (vgl. Wallerstein 1979: 31ff.). Wallerstein hingegen betrachtet die Nationalstaaten in einem anderen Licht. Demnach haben sich Staaten aus den wechselseitigen Abhängigkeiten eines internationalen Systems entwickelt, das bereits seit dem 16. Jahrhundert ein Teil der entstehenden kapitalistischen Weltökonomie war. Das System der Nationalstaaten ist nach Wallerstein aus der globalen kapitalistischen Ökonomie hervorgegangen und nicht umgekehrt. Als Beispiele können hier die mittels Kolonialisierungsprozessen neu gegründeten Nationalstaaten in Afrika oder Amerika herangezogen werden. Damit unterliegt das Staatensystem auch den Gesetzmäßigkeiten und Einwirkungen des Kapitalismus. Wallerstein argumentiert weiter, dass somit die Nationalstaaten keine eigenständigen Systeme sind, sondern nur ein Teil des kapitalistischen Gesamtsystems. Sie können demzufolge auch keine unabhängige Entwicklung durchleben, da sie in Abhängigkeit zum ökonomischen Gesamtsystem stehen (vgl. Hopkins/Wallerstein 1979: 162ff.). Nach Wallerstein kann somit nur eine Analyse des gesamten Weltsystems mit dem Fokus auf die ökonomischen Verbindungen und Abhängigkeiten sinnvoll sein (vgl. Hopkins/Wallerstein 1979: 187).

Die politische Ausprägung einzelner Staaten hat folglich keine existenzielle Bedeutung für das kapitalistische moderne Weltsystem, da die Staaten nach Wallerstein keine autonome Rolle einnehmen. Jegliche politische Ideologie ist den Gesetzen des kapitalistischen Systems unterworfen und sogar revolutionäre Bewegungen werden laut Wallerstein in die Zielsetzungen des kapitalistischen Systems eingebettet und dienen langfristig seiner Stabilisierung. Wallerstein zufolge gab es in den Staaten, welche Teil des modernen Weltsystems waren und sind, niemals eine Revolution, die die grundlegenden Strukturen des Systems gefährdet hätte. Selbst die Französische oder die Russische Revolution seien nur kurzzeitige Störungen des Systems gewesen, welche durch Anpassungsprozesse im System ein langfristig stabileres Gleichgewicht bewirkten. Mit der Verbreitung von Strukturen wie zum Beispiel der Einführung des Wahlrechts und des Wohlfahrtsstaates konnten mobilisierbare Gruppierungen befriedet werden. Somit wurden freiheitskämpferische Auflehnungen gegen das bestehende System zu einer deutlich reduzierten Bedrohung für die herrschenden Akteure des kapitalistischen Systems (vgl. Wallerstein 2002: 15ff.).

An der Stelle sei hinzugefügt, dass Wallerstein in diesem Kontext die fächerübergreifende Methodik der Sozialwissenschaften bemängelt, was zu tiefgreifenden interdisziplinären Debatten geführt hat. Die Aufteilung der Sozialwissenschaften in politische, ökonomische und soziokulturelle Ebenen seien die Folge der Ideologieproduktion des Weltsystems und würden die Gesellschaftsanalyse und die intellektuelle Weiterentwicklung blockieren, da das Waller-steinsche Weltsystem einer ganzheitlichen Betrachtung bedarf (vgl. Wallerstein 1986: 24). „Ich plädiere nicht für einen multidisziplinären Ansatz für die Erforschung von Sozialsyste-men, sondern für einen unidisziplinären" (Wallerstein 1986: 24).

Für die zukünftige Entwicklung des kapitalistischen Weltsystems prognostiziert Wallerstein den Niedergang dieses Systems und des Kapitalismus nach unserem heutigen Verständnis in-nerhalb der kommenden 30 Jahre. Bereits zur Zeit des Kalten Krieges prophezeite Wallerstein das Ende des Ostblocks. Im Oktober 2008 äußerte sich Wallerstein in einem Artikel der fran-zösischen Zeitung *Le Monde* zur aktuellen Lage der Welt. Er sieht einen Kampf zwischen den Befürwortern (im *Zentrum*) und Gegnern (in der *Peripherie*; zu den Begrifflichkeiten siehe Kapitel 3.3) des bestehenden Systems mit ungewissem Ausgang aufkommen. Die Menschheit könne sich sicher sein, dass sie in 30 Jahren nicht mehr in einem kapitalistischen Weltsystem leben werde. Welche neue Form des Zusammenlebens und Wirtschaftens den Kapitalismus ablösen wird, kann Wallerstein jedoch nicht eindeutig vorhersagen. Die Entwicklung dieses neuen Systems sei von zu vielen Einflussfaktoren abhängig. Aktuell weist alles auf eine be-vorstehende Phase des politischen Chaos hin: Da wir uns in der Endphase eines zweiten Kon-dratieff-Zyklus befinden, in welchem seit den 1970er Jahren Spekulationsblasen aufgebaut wurden, die nun im Zuge der Wirtschaftskrise platzen, brechen Firmen und Banken zusam-men, die Arbeitslosigkeit steigt und die Ökonomie ist einer Deflationsgefahr ausgeliefert. Zu dieser ökonomischen Krisensituation kommt nun auch noch eine Systemkrise hinzu, da das Zentrum des kapitalistischen Weltsystems seinen Reichtum durch Mehrwerttransfer aus den Peripherien wie Brasilien oder China generiert, diese mittlerweile jedoch enorme ökonomi-sche Fortschritte erzielen und selbst Ansprüche als Führungsnationen erheben. Dies stelle eine nur schwer zu lösende Herausforderung für die westlich dominierte Weltwirtschaft dar. West-liche Staaten und Unternehmen würden nun versuchen, erneut ein Gleichgewicht herzustellen, was ihnen jedoch vermutlich nicht gelingen werde (vgl. Le Monde 2008).

2.3 Theoriegeschichtliche Verortung der Weltsystemtheorie – mit einem Exkurs zur Dependenztheorie

Die Weltsystemtheorie Wallersteins basiert zu weiten Teilen auf marxistischen Analysen und Theorien. Die marxistische Kritik am globalen kapitalistischen System sowie der von Marx prognostizierte Niedergang des Kapitalismus weisen deutliche Parallelen zur Weltsystemtheo-rie Wallersteins auf. Wie Marx definiert auch Wallerstein den Kapitalismus als ein „System, das auf der endlosen Akkumulation von Kapital beruht" (Balibar/Wallerstein 1990: 180), wodurch ein globaler Markt entstanden sei, welcher die Produktion und den Konsum aller Nationen weltweit strukturiere (vgl. Marx/Engels 1848: 23). Der expansive Charakter dieses Systems stoße jedoch an ökologische und territoriale Grenzen (vgl. Fetscher 1999: 89f.). Der Kapitalismus durchläuft nach Wallerstein periodische Krisen, welche Raum für erneutes Wachstum schaffen. Langfristig ist der Kapitalismus jedoch wegen seiner Widersprüchlichkeiten zum Scheitern verurteilt. Der Kapitalismus wird weder von Marx noch von Wallerstein als Fortschritt angesehen (vgl. Wallerstein 1984: 34ff.). Den Sozialismus betrachtet Wallerstein als eine permanent andauernde Revolution innerhalb des globalen Systems, wobei eine tatsächliche Umgestaltung des kapitalistischen Systems in ein sozialistisches nur in einem weltumspannenden Rahmen geschehen kann. Die Transformation einzelner Staaten hin zum Sozialismus ist aufgrund der Zusammenhänge der Weltsystemtheorie nicht aussichtsreich (vgl. Wallerstein 1976: 4ff.).

Als weiterer Einfluss Wallersteins kann die französische Annales-Schule benannt werden, hier vornehmlich Braudel, der sich insbesondere mit der Analyse der Interdependenzen von Lokalökonomie, Marktwirtschaft und Kapitalismus befasst, wobei er auch die spezielle Bedeutung unpersönlicher Kräfte wie zum Beispiel des Klimas und von Landschaften auf Gesellschaften und ihre Mentalitäten mit in seine Analysen einbezieht. Die Geschichtsschreibung im Sinne der Annales-Schule zeichnet sich so vor allem durch die Offenheit ihrer analytischen Methoden sowie eine Distanzierung zur reinen Ereignisgeschichte aus, wodurch sie auch massiver Kritik ausgesetzt ist (vgl. Burke 1991: 7f.).

Die zentralen Begriffe der Weltsystemtheorie *Zentrum* und *Peripherie* lehnen sich an die unter anderem von A.G. Frank entwickelte Dependenztheorie an, entwickeln diese weiter und werden von Wallerstein durch den Begriff der *Semiperipherie* ergänzt.

Exkurs: Dependenztheorie

Seit Mitte der 1960er Jahre hauptsächlich in EL, besonders in Lateinamerika (LA) formulierte Theorie, die besagt, dass die *dependencia*, das heißt die durch Kolonialismus bedingte fortlaufende politische und ökonomische Abhängigkeit LA von den spanisch-portugiesischen Kolonialmächten, in eine Einbindung LA in das kapitalistische Weltsystem mündete. Diese Einbindung bewirke einen stetigen Ressourcenabfluss – zuerst durch Plünderungen, dann durch Handelsbeziehungen (Unequal Exchange, siehe Kapitel 3.4) – der aufgrund der staatlichen Unabhängigkeit mittlerweile nicht mehr den Kolonial-, sondern anderen Hegemonialmächten wie zum Beispiel den USA zufließe, die sich im Zentrum eines auf Arbeitsteilung beruhenden Systems befinden, das die Länder der Peripherie ausbeutet. André Gunder Frank verwies in seinen teils radikalen dependenztheoretischen Überlegungen insbesondere auf die „Entwicklung der Unterentwicklung" (Frank 1969: 30): Die Entwicklung der Zentrumsstaaten sei nur auf Kosten der Peripherie – den EL – möglich. Solange eine revolutionäre Umgestaltung des Systems ausbleibe, sei eine zeitlich begrenzte Abkopplung der EL vom Weltmarkt (Dissoziationsstrategie nach Senghaas) vonnöten, um interne Restrukturierungsmaßnahmen einzuleiten und „eine für sie vorteilhaftere Integration in die internationale Arbeitsteilung zu ermöglichen" (Sangmeister/Schönstedt 2009: 118). Diese theoretischen Überlegungen erfuhren international sehr unterschiedliche Rezeptionen (vgl. Sangmeister/Schönstedt 2009: 114ff.), die jedoch an dieser Stelle nicht weiter ausgeführt werden können.

Die in den 1950er und 1960er Jahren vorherrschende Modernisierungstheorie, welche im Wesentlichen besagt, dass alle „Gesellschaften prinzipiell einen gleichartigen, unilinearen Prozess sozialen, politischen und wirtschaftlichen Wandels durchlaufen" (Sangmeister/Schönstedt 2009: 68), und die Rückständigkeit einiger Staaten vor allem auf „interne Faktoren im kulturellen und mentalen Bereich" (Sangmeister/Schönstedt 2009: 67) zurückführt, wird von Wallerstein bis heute kritisiert, wobei sich Wallersteins Weltsystemtheorie vor allem durch eine neuartige Auslegung einer eurozentrischen Weltgeschichte auszeichnet (vgl. Senghaas 1979: 11ff.).

3. Wallersteins Weltsystemtheorie

Im Folgenden wird zunächst Wallersteins Klassifikation von Systemformen beleuchtet. Daran anknüpfend werden die historische Entwicklung des kapitalistischen Weltsystems nach Wallerstein skizziert sowie die Hierarchieebenen, die Mechanismen des Systems und die Bedeutung von Ideologien bei der Entwicklung und Aufrechterhaltung des Systems untersucht.

3.1 Welt- und Minisysteme

Wallerstein unterscheidet in seiner Analyse zwei Systemformen: Weltsysteme sowie Minisysteme. Um ein System als solches bezeichnen zu können, muss es ohne überlebenswichtigen Input von außen existieren können. Die Autarkie des Systems muss demnach auf die Existenzsicherung des Systems ausgerichtet und durch eine Arbeitsteilung in einem räumlich begrenzten Gebiet organisiert sein. Luxusgüter können hingegen mit anderen Systemen ausgetauscht werden (vgl. Wallerstein 1979: 34f.). Mit Arbeitsteilung werden Produktionsprozesse bezeichnet, die sich fortdauernd reproduzieren, sich periodisch verändern, im Weltsystem von internationalem Warenverkehr geprägt sind und durch die internationalen Beziehungen mitorganisiert werden (vgl. Wallerstein/Hopkis 1979: 155). Die Autarkie des Systems ist jedoch nur hypothetisch und nicht zu verifizieren, da eine vollständige Abschirmung externer Einflüsse praktisch nie eintritt (vgl. Wallerstein 1976: 1).

Minisysteme waren im Unterschied zu Weltsystemen nur durch eine Kultur geprägt und fanden sich nur noch in archaischen Kultursystemen wieder. „Heute besteht kein derartiges Minisystem mehr" (Wallerstein 1979: 35). Wenn sich ein solches Minisystem in Abhängigkeit zu einem anderen System begab, zum Beispiel durch die Zahlung von Schutz- beziehungsweise Tributkosten an ein Imperium, und somit seine autonome arbeitsteilige Eigenständigkeit verlor, wurde es sogleich ein Teil des umfassenderen Weltsystems. Das Weltsystem beinhaltet somit viele Kulturen (vgl. Wallerstein 1979: 35).

Wallerstein definiert sein Weltsystem als ein strukturiert begrenztes Sozialsystem, das sich aus einzelnen (multikulturellen) politisch heterogenen Mitgliedergruppierungen zusammensetzt und von einer Legitimationsordnung zusammengehalten wird. Das Weltsystem umfasst weiterhin nicht notwendigerweise von Beginn an die ganze geographische Welt, ist jedoch sehr viel größer als andere bisherige Sozialsysteme, so dass man es als eine *eigene Welt* betrachten kann (vgl. Wallerstein 1976: 1). Verschiedene Kräfte innerhalb des Systems sorgen einerseits für Zusammenhalt, andererseits für sich ändernde Einflussfaktoren, da verschiedene Akteure bestrebt sind, das System jeweils zu ihren Gunsten zu beeinflussen.

Das Funktionieren des kapitalistischen Weltsystems erfordert, dass Akteure ihre Interessen innerhalb des Weltmarktes bündeln, organisieren und durch die Beeinflussung von Staaten verfolgen. Die Einflüsse der manipulierten Staaten sind im Gesamtsystem sehr unterschiedlich ausgeprägt, keiner dieser Staaten kontrolliert jedoch den Weltmarkt gänzlich. Es gibt Phasen, in denen die Macht hegemonial verteilt ist, aber auch Zeiten, in denen „die Macht stärker zersplittert und umkämpft ist, was schwächeren Staaten größere Aktionsspielräume verschafft" (Wallerstein 1979: 53). Das Weltsystem ließe sich am treffendsten mit einem Organismus vergleichen:

„It has the characteristics of an organism, in that it has a life-span over which its characteristics change in some respects and remain stable in others. One can define its structures as being at different times strong or weak in terms of the internal logic of its functioning." (Wallerstein 1976: 1)

Weltsysteme werden nach Wallerstein wiederum in drei Arten untergliedert: zunächst in Weltreiche und Weltwirtschaften. Erstere sind durch eine homogene politische Struktur gekennzeichnet, in der die politische Zentralgewalt die Ökonomie lenkt. Solche Weltreiche bestehen jedoch nicht mehr, weswegen Wallerstein die Begriffe (modernes) Weltsystem und

11

(kapitalistische) Weltwirtschaft in seinen Ausführungen meist synonym verwendet. „Im 19. und 20. Jahrhundert gab und gibt es nur ein Weltsystem, die kapitalistische Weltwirtschaft" (Wallerstein 1979: 34). In Weltwirtschaften dagegen gibt es eine solche Instanz praktisch nicht. Die Ökonomie ist durch Märkte und viele politische Systeme charakterisiert, die um Marktanteile konkurrieren. Somit sind Weltwirtschaften strukturell nicht dauerhaft beständig (vgl. Wallerstein 1979: 35f.). Der vorhergesagte Zusammenbruch der momentan bestehenden kapitalistischen Weltwirtschaft könnte in die dritte von Wallerstein definierte mögliche Ausprägung von Weltsystemen münden: eine von Wallerstein befürwortete sozialistische Weltregierung – „a socialist world government" (Wallerstein 1976: 2) – die eine Umstrukturierung der gegenwärtigen ökonomischen und politischen Beschlussebenen integrieren könnte (vgl. Wallerstein 1986: 519).

3.2 Die historische Entwicklung der kapitalistischen Weltwirtschaft

Die erste Entwicklungsstufe des Weltsystems erstreckt sich nach Wallerstein über den Zeitraum zwischen der Mitte des 15. Jahrhunderts und der Mitte des 17. Jahrhunderts (vgl. im Folgenden Wallerstein 1979: 53ff.). Damals entstand laut Wallerstein parallel zu den bereits vorhandenen Reichen – dem osmanischen, dem russischen und dem Wirtschaftssystem im Gebiet des Indischen Ozeans – eine eurozentrische Weltwirtschaft. Die Krise des Feudalismus gab hierzu die nötigen Impulse (vgl. Wallerstein 1986: 44f.). Der Versuch der Habsburger, die europäische Weltwirtschaft zu einem Weltsystem zu etablieren, scheiterte (vgl. Wallerstein 1986: 247). Bis 1640 bildeten vor allem die Staaten England und die Niederlande das Zentrum der europäischen Weltwirtschaft. Die norditalienischen Stadtstaaten sowie Spanien bildeten die Semiperipherie des Systems, das nordöstliche Europa und das hispanische Amerika die Peripherie. Russland, China, Indien und Afrika waren zu diesem Zeitpunkt noch nicht in das kapitalistische Weltsystem eingegliedert.

Auslöser für die zweite Entwicklungsstufe war eine Rezession, die zum Kampf zwischen den Staaten des Zentrums und in der Folge zu merkantilistischen Abschottungsmaßnahmen führte. England verdrängte Mitte des 17. Jahrhunderts bis Anfang des 18. Jahrhunderts die Niederlande und Frankreich aus ihren Positionen im Welthandel und sicherte sich eine dominante Stellung im Zentrum. Mitte des 18. Jahrhunderts begann die Phase des Industriekapitalismus, zugleich die dritte Entwicklungsstufe des Weltsystems. Ab diesem Zeitpunkt bis zu Beginn des 20. Jahrhunderts werden sämtliche *Minisysteme* und vorhandenen Weltsysteme in das Wallersteinsche globale *moderne Weltsystem* integriert. Die geographische Expansion des

Systems, motiviert durch die Nachfrage nach Rohstoffen, wurde mithilfe neuartiger Militär-sowie Transporttechnologien möglich. Die letzten *Außenarenen*, das heißt Gebiete, die bis-lang nicht in die kapitalistische Arbeitsteilung der Weltökonomie integriert waren (vgl. Wal-lerstein 1986: 450), wurden in das moderne Weltsystem eingegliedert, was zu Veränderungen in der bis dato geltenden Hierarchie führte. Russland wurde dank seiner militärischen Macht zur Semiperipherie. Afrika und Asien entwickelten sich zur Peripherie. Seitdem gibt es nur noch ein allumfassendes Weltsystem, das durch Arbeitsteilung und eine heterogene politische Struktur charakterisiert ist. Der Erste Weltkrieg bedeutete das Ende der dritten und den Be-ginn der vierten Entwicklungsstufe. Die Revolution in Russland im Jahre 1917 verhinderte den Abstieg des Landes in die Peripherie. Russland wurde mit dem Ende des Zweiten Welt-krieges wieder ein bedeutendes Glied in der Semiperipherie, während England von den USA in seiner Vormachtstellung im Zentrum entthront wurde. Diese hegemoniale Position hielten die USA bis Mitte der 1960er Jahre – ökonomisch erstarkte Gebiete streiten die alleinige Vor-machtstellung der USA seit diesem Zeitpunkt an. Die hier präsentierte historische Entwick-lung des Wallersteinschen Weltsystems ist in aller Kürze dargestellt, da eine ausführliche Be-schreibung dem Rahmen dieser Arbeit nicht gerecht werden würde. Jedoch wird im dritten Kapitel dieser Arbeit auf einige historische Unschärfen und Widersprüche in Wallersteins Theorie näher eingegangen.

3.3 Die Hierarchieebenen des kapitalistischen Weltsystems

In der Theorie des kapitalistischen Weltsystems gibt es nach Wallerstein vier Kategorien von Staatengruppen: Zentrumsstaaten, die Peripherie, die Semiperipherie und die außerhalb des Weltsystems liegenden Außenarenen. Die Zuordnung in solch eine Hierarchieebene erfolgt entsprechend der jeweiligen hierarchischen Position im Produktionsprozess, wobei die beruf-lichen Aufgaben, welche höhere Kompetenzen und eine stärkere Kapitalisierung bedingen, den Staaten im Zentrum vorbehalten sind. Sie würden auch am meisten von der kapitalisti-schen Weltökonomie und ihrer Arbeitsteilung profitieren. Die Aufgaben im Produktionspro-zess, die weniger hohe technische Anforderungen und damit einen geringeren (Human-)Kapi-talaufwand benötigen, sind den Gebieten der Semiperipherie und der Peripherie überlassen. Sie liefern unter anderem Rohstoffe für die weitere Produktion in den Zentrumsstaaten oder weniger angesehene Waren (das heißt Waren, deren Herstellung schlechter entlohnt wird). Dabei ist die Peripherie dennoch ein äußerst bedeutender Sektor des Weltsystems, da die dort produzierten Güter auch zu einem Großteil für den täglichen Gebrauch in den Zentrumsstaaten bestimmt sind (vgl. Imbusch 1990: 62). Als historisches Beispiel peripherer Gebiete kann hier das kolonialisierte Südamerika angeführt werden sowie Spanien und Portugal als Beispiele für semiperiphere Gebiete. In Lateinamerika zerstörten die spanischen und portugiesischen Eroberer die indigenen Autoritätsstrukturen und ersetzten sie durch schwache Bürokratien unter ihrer Kontrolle. Die Versklavung der einheimischen Bevölkerung, der Import von afrikanischen Sklaven und die Zwangsarbeit in Minen ermöglichten den billigen Import von Rohstoffen aus diesen peripheren Gebieten nach Europa. Das semiperiphere Spanien importierte Silber und Gold aus seinen amerikanischen Kolonien, der Großteil dieser Einnahmen wurde jedoch wiederum für Erzeugnisse aus Zentrumsstaaten wie England und Frankreich ausgegeben, anstatt eine eigenständige Fertigungswirtschaft aufzubauen.

Als Außenarenen bezeichnet Wallerstein die Gebiete, welche zunächst nicht in das kapitalistische Weltsystem eingegliedert waren. Das ökonomisch relativ eigenständig operierende Russland führt er als Beispiel für eine ehemalige Außenarena an (vgl. Wallerstein 1986: 450). Die nationenzentrierte Analyse des Systems befürwortet er, wie bereits ausgeführt, nicht. Allerdings spricht er den Staaten dennoch Bedeutung zu. Das internationale System der Staaten bildet eine zentrale Komponente des kapitalistischen Weltsystems – die politische Ebene. Im Zentrum des Systems befinden sich die am höchsten entwickelten Industrienationen, während die Peripherie von den Entwicklungsländern gebildet wird (vgl. Wallerstein 1986: 520f.). Die Staaten des Zentrums sind mit einem vergleichsweise mächtigen Staatsapparat ausgestattet. Dies ist keinesfalls allein mit militärischer Stärke gleichzusetzen. Vielmehr wird die Stärke eines Staates durch dessen Fähigkeit gekennzeichnet, der eigenen Politik sowohl innen- als auch außenpolitisch Wirkung zu verschaffen (vgl. Wallerstein/Hopkins 1979: 175). Die Zentrumsstaaten würden aufgrund von homogeneren Interessenlagen innerstaatlicher Gruppierungen diese Stärke aufweisen, welche mittels des im nachfolgenden Kapitel 3.4 dargestellten Mechanismus dazu genutzt wird, die Gebiete der Semiperipherie und der Peripherie systematisch zu destabilisieren und ökonomisch zu schwächen. (Wallerstein spricht in seinen Ausführungen nicht von peripheren Staaten, sondern von peripheren Gebieten, da die Staaten in diesen Gebieten sehr schwach sind, was sich nach Wallerstein in einer quasi Nichtexistenz (kolonialer Zustand) oder einer geringen Autonomie der Staaten (neo-kolonialer Zustand) widerspiegelt (vgl. Wallerstein 1976: 3).)

Die kapitalistische Klasse beansprucht für sich, die universelle Klasse in diesem System zu sein, und strebt danach, die Politik derart zu gestalten, dass ihre Ziele gegen ihre Gegner durchgesetzt werden und der Kapitalismus weitere Verbreitung findet. Wallerstein stellt fest: „Strong states serve the interests of some groups and hurt those of others." (Wallerstein 1976:

5). Das kapitalistische System mit der ihm eigenen (Human-)Kapitalakkumulation, die den Zentrumsstaaten beziehungsweise Akteuren in diesen Staaten zufließt, tendiert nach Wallerstein im Laufe seiner Entwicklung zu einer größeren Ungleichverteilung von Kapital und somit zu einer Vergrößerung von sozialen Klüften zwischen den Hierarchieebenen.

„Da eine kapitalistische Weltwirtschaft im Wesentlichen akkumuliertes Kapital, inklusive menschliches Kapital, höher belohnt als ‚rohe' Arbeitskraft, hat die ungünstige geographische Verteilung der anspruchsvollen Tätigkeiten einen starken Trend, sich selbst zu erhalten. Dies wird von den zentralen Kräften eines Marktplatzes eher verstärkt als unterminiert. Und daß ein zentraler politischer Mechanismus für die Weltwirtschaft fehlt, läßt die Kräfte, die gegen diese ungünstige Lohnverteilung gerichtet sind, kaum eindringen." (Wallerstein 1986: 521)

Der technologische Fortschritt verschleiere diese Tendenz partiell, da die Grenzen des Systems durch technologische Innovationen zugunsten einiger Regionen erweitert werden und diese Regionen ihre strukturelle Rolle im System verbessern könnten. Im Ganzen betrachtet könne aber simultan die Tendenz zur Vergrößerung der Ungleichverteilung weiterbestehen (vgl. Wallerstein 1976: 3f.). Als Beispiel für solch eine Entwicklung könnte man den wachsenden Wohlstand in den Metropolregionen Indiens ansehen, der nur einigen hoch qualifizierten und spezialisierten Gruppen in bestimmten Branchen zukommt. Der überwiegende Anteil der Bevölkerung Indiens, die Landbevölkerung, ist im globalen Vergleich weiterhin sehr arm (vgl. O'Neill/Poddar 2008: 16f.).

Wallerstein betont hinsichtlich der Hierarchieebenen des Weltsystems, dass diese nicht von gleicher Stärke sein können und dass genau dieser Umstand überhaupt die Existenz des Systems ermöglicht. Anderenfalls hätten sie die Möglichkeit, gegenseitig ihre transnationalen ökonomischen Aktivitäten zu blockieren. Die weltweite Arbeitsteilung, so wie sie im kapitalistischen Weltsystem bestehe, würde behindert werden. Die Weltwirtschaft würde schrumpfen und das Bestehen des Weltsystems in seiner jetzigen Ausprägung wäre gefährdet. Ebenso sei es in diesem System nicht möglich, dass kein Staatsapparat des Systems stark ist, da ein starker Staat dazu diene, die Interessen der kapitalistischen Klasse zu verteidigen. Ein starker Staat garantiert laut Wallerstein das Recht auf Eigentum, sichert zahlreiche Monopolstellungen sowie die eigene Stellung in der Hierarchie und verteilt ökonomische Verluste auf die Bevölkerung (siehe Kapitel 3.5). Daraus folgt, dass die weltweite arbeitsteilige Ökonomie ein Design hat, das im Zentrum durch relativ starke Staaten gekennzeichnet ist und in den Gebieten der Peripherie relativ schwache Staatsmaschinerien aufweisen muss, um zu funktionieren (vgl. Wallerstein 1976: 5f.). Der von Wallerstein erdachten Semiperipherie wird in diesem System eine Sonderrolle zugewiesen. Sie kann sowohl kennzeichnende Bestandteile des Zentrums als auch Charakteristika der Peripherie aufweisen. Die Semiperipherie bildet eine Ebene zwischen Zentrum und Peripherie und hat somit nach Wallerstein eine soziale Pufferfunktion zwischen den ärmsten Menschen der Welt in den Gebieten der Peripherie und den reichsten Menschen im Zentrum – sie hat weniger eine ökonomische Bedeutung als eine politisch stabilisierende Funktion (vgl. Wallerstein 1979: 52). Sie verhindert, dass es zu größeren sozialen Spannungen zwischen diesen Gruppen kommt, und reduziert politische Instabilität (vgl. Imbusch 1990: 64). Bezeichnend für die Semiperipherie ist es, dass sie von den Zentrumsstaaten dominiert wird und selbst die Staaten der Peripherie dominiert (vgl. Wallerstein 1980: 205ff.). Aufgrund der wechselseitig bedingten Entwicklung des Staatensystems ist jedoch die Schwäche der peripheren Gebiete auf die Stärke der Gebiete im Zentrum zurückzuführen (vgl. Braudel 1986: 72).

Zudem ist es sinnvoll, die Mobilität innerhalb der Systemhierarchie hervorzuheben. Das Ziel aller Staaten sei die Erlangung eines hohen prozentualen Anteils am weltweit erwirtschafteten Kapital. Dabei sind nach Wallerstein die peripheren Staaten den Einflüssen des Zentrums ausgeliefert. Etwaige Versuche der Peripherie, aus ihrer Situation auszubrechen, werden vom Zentrum gestört – der Aufstieg eines peripheren Landes könnte den Abstieg eines Zentrumsstaates bedeuten. Zahlreiche Faktoren bestimmen die Position eines Landes in dieser Hierarchie. Als besonders wichtig kann jedoch der historische Zeitpunkt der Integration eines Landes in das hierarchische System bezeichnet werden. Viele Staaten wurden nach Wallersteins Ausführungen erst durch ihre Eingliederung in das moderne kapitalistische Weltsystem neu geschaffen, denn zuvor waren sie eigenständige Minisysteme oder Teilregionen eines Weltreichs wie zum Beispiel des Osmanischen Reiches und gehörten somit zur Gruppe der Außenarenen des Weltsystems. Wallerstein führt weiter aus, dass Staaten des Zentrums beispielsweise in die Semiperipherie absteigen, semiperiphere Staaten aufsteigen und Gebiete der Peripherie in die Semiperipherie aufsteigen können, wenn sie ihre ökonomische Struktur verändern und somit in andere Produktionsstufen der internationalen Arbeitsteilung auf- oder absteigen. Die Stabilität der Gesamthierarchie muss von solchen Bewegungen nicht zwingend gefährdet werden. Es stehen dann lediglich andere Staaten an der Hierarchiespitze (vgl. Wallerstein 1986: 521f.) – „the hounds are ever to the hares for the position of top dog" (Wallerstein 1976: 4). Diese Struktur des globalen Systems kann auch auf die innergesellschaftliche Ebene übertragen werden und spiegelt sich in der sozialen Hierarchie *Ober-, Mittel- und Unterschicht* wider. Diese innergesellschaftliche Hierarchie ist sowohl in Zentrumsstaaten als auch in peripheren und semiperipheren Gebieten vorzufinden. So sind natürlich nicht alle Menschen in einem peripheren Gebiet arm und nicht alle Menschen in Zentrumsstaaten reich. Die globale Hierarchie wird somit auch in ihren Teilstrukturen reproduziert (vgl. Hopkins/Wallerstein 1979: 164f.).

3.4 Die kapitalistische Produktionsweise, Warenketten und die Hierarchisierung des Systems

Die Kapitalakkumulation im kapitalistischen Weltsystem hat Investitionen zur Grundlage, welche zur Produktion von Gütern oder zur Bereitstellung von Dienstleistungen befähigen. Die Differenz zwischen Preis und Kosten eines Gutes beziehungsweise einer Dienstleistung wird als Profit bezeichnet. Um den Profit zu maximieren, was das Ziel eines kapitalistischen Unternehmens ist, sollte ein möglichst hoher Verkaufspreis mit minimalen Kosten einhergehen. Der Verkaufspreis kann für gewöhnlich aufgrund des Konkurrenzdrucks nicht beliebig von dem einzelnen Unternehmen festgelegt werden, da die Konkurrenz durch andere Unternehmen jeden einzelnen Marktakteur dazu veranlasst, den Verkaufspreis des erzeugten Gutes (beziehungsweise der Dienstleistung) zu senken, um Marktanteile zu erlangen. Um dieses Ziel zu erreichen, besteht allerdings auch die Möglichkeit, sich eine stärkere, monopolartige Marktposition zu sichern. Hier kommt laut Wallerstein dem Staat eine bedeutende Rolle zu. Bestimmte Preise seien ein politisches Konstrukt, geschützt durch Patente und Gesetze, die mittels Lobbyarbeit der kapitalistischen Akteure eingebracht worden sind.

„I am not here arguing the classic case of capitalist ideology that capitalism is a system based on the noninterference of the state in economic affairs. Quite the contrary! Capitalism is based on the constant absorption of economic loss by political entities, while economic gain is distributed to ‚private' hands." (Wallerstein 1976: 2)

Somit sind nach Wallerstein im Kapitalismus staatliche Markteingriffe erwünscht, wenn diese die kapitalistischen Akteure selbst insistieren und ihre Interessen dadurch vertreten sind. Der Preis spiegelt demnach keinesfalls immer das Wechselspiel von Angebot und Nachfrage wider (vgl. Wallerstein 1984: 14ff.). Kapitalistische Akteure haben zudem laut Wallerstein einen strategischen Vorteil gegenüber politischen Akteuren erlangt, da ihre Handlungen von der Politik nicht allumfassend kontrolliert werden können – sie sind in der Lage, in einem weiteren, internationalen Umfeld zu agieren als die nationalstaatlichen, politischen Akteure. Die politische Kontrolle und die Marktregulierung seitens der Politik seien gegenüber den dynamischen, kapitalistischen Marktakteuren auf ein vornehmlich reagierendes Handeln beschränkt. Besonders dieser Sachverhalt ermöglicht die konstante globale Ausbreitung des kapitalistischen Weltsystems, da die kapitalistischen Marktakteure immer wieder Möglichkeiten erkunden, um nicht gewünschte nationalstaatliche Marktregulierungen mittels einer internationalen Ausweitung ihrer Aktionsradien zu umgehen, und beispielsweise damit beginnen, in Staaten zu operieren, in denen die unerwünschten Marktregulierungen nicht bestehen (vgl. Wallerstein 1976: 2f.).

Warenketten bezeichnen in der kapitalistischen Produktionsweise eine erweiterte soziale Differenzierung der Arbeit, welche sich im Zeitverlauf sowohl funktional als auch geographisch ausweitete und dabei immer hierarchischer wurde. Im kapitalistischen System werden die Warenketten von Wallerstein als geografisch zentripetal beschrieben – die Ursprünge der Warenketten waren vielfältig, ihre Bestimmungsorte konzentrierten sich jedoch im Wesentlichen nur in einigen Gebieten (vgl. Wallerstein 1984: 25).

Kennzeichen für die Hierarchisierung ist eine immer stärkere Kapitalkonzentration in den Zentren, die zunächst, vor der eigentlichen Entstehungsphase des Weltsystems, durch die „sogenannte ursprüngliche Akkumulation" (Frank 1979: 68) ermöglicht wurde, die den Ausgangspunkt der kapitalistischen Produktionsweise darstellt und für die weitere Akkumulation wichtige Grundlagen geschaffen hat (vgl. Frank 1979: 71f.).

„Es war eine Vielfalt von nicht- und vorkapitalistischen Produktionsverhältnissen – Kolonialismus, Sklaverei, zweite Leibeigenschaft, aber auch erste Leibeigenschaft und Feudalismus – außerhalb, aber auch innerhalb Europas und Westeuropas, die zu dieser Anhäufung größerer Massen von Kapital vor der industriellen Revolution beitrugen." (Frank 1979: 72)

Durch glückliche historische, geografische und ökologische Umstände (die hier im Detail nicht behandelt werden können), hätte dann das nordwestliche Europa am erfolgreichsten seine Landwirtschaft diversifiziert, ihr verschiedene weitere Industriezweige wie die Textilindustrie, den Schiffbau und die Metallverarbeitung hinzugefügt und sei so zum Zentrum der kapitalistischen Weltwirtschaft geworden (vgl. Wallerstein 1979: 46). Die fortdauernde Kapitalakkumulation ist dann nach Wallerstein auf folgenden Mechanismus zurückzuführen, der den ungleichen Tausch (Unequal Exchange) zwischen dem Zentrum und den peripheren Gebieten des Systems verschleiert. Es liegt laut Wallerstein im kapitalistischen Weltsystem nur eine vorgebliche Trennung zwischen der politischen Ebene und dem ökonomischen Sektor vor, der durch globale Arbeitsteilung und die kapitalistische Produktionsweise bestimmt ist, die wiederum durch Kapitalakkumulation um ihrer selbst Willen charakterisiert ist.

Tatsächliche Marktdifferenzierungen, die durch kurzzeitige Knappheit im Produktionsprozess ausgelöst wurden, standen am Beginn des Mechanismus. Güter bewegten sich in der Folge derart zwischen den Gebieten des Systems, dass das Gebiet mit dem reichlicheren Posten diesen zu einem bestimmten Preis an das knapper ausgestattete Gebiet verkaufte. Allerdings sind Wallerstein zufolge die realen Inputs bei diesem Warentausch zwischen Zentrum und Peripherie, das heißt die Kosten für diesen Austausch, in den Gebieten unterschiedlich, da die Produzenten der ausgetauschten Äquivalente ungleich sind. Wallerstein beruft sich hier auf dependenztheoretische Überlegungen.

„I reversed the fundamental assumption of Ricardo′s theory of international trade. Instead of equal wages and unequal rates of profit, I adopted the assumption of unequal wages and of profits subject to standardization and tending to equalization.“ (Emmanuel 1972: 267)

Der Ökonom Arghiri Emmanuel erklärt das starke Lohngefälle zwischen peripheren und zentralen Gebieten mit historisch gewachsenen Lohnstandards und unterschiedlichen gewerkschaftlichen Organisationsstandards in den Gebieten. Gewerkschaften haben in Europa ab der zweiten Hälfte des 19. Jahrhunderts enorme Lohnzuwächse erstritten, was Emmanuel auf die Tatsache zurückführt, dass der Faktor Arbeit nur begrenzt mobil ist. Aufgrund der einheitlichen globalen Profitrate (die durch die hohe Kapitalmobilität zu erklären ist) spiegeln sich die niedrigeren Löhne in niedrigeren Preisen der Erzeugnisse aus peripheren Gebieten wider, wohingegen die hohen Löhne im Zentrum zu höheren Produktpreisen führen. Somit besteht der ungleiche Tausch darin, dass zentrale und periphere Gebiete die in die Produktion eingehende Arbeitszeit unterschiedlich bewerten – so kauft der Arbeiter im Zentrum mit seinem Stundenlohn ein Vielfaches an peripheren Arbeitsstunden (vgl. Matis/Bachinger 2004: 7ff.).

Hier sei kritisch angemerkt, dass diese These die Annahme der Homogenität des Produktionsfaktors Arbeit impliziert. Abgesehen davon ist die Widerlegung der neoklassischen Außenhandelstheorie letztlich nur empirisch zu beantworten, indem überprüft wird, ob sich die Annahme der neoklassischen Außenhandelstheorie – eine ausreichende Faktormobilität – tatsächlich bestätigen lässt (vgl. Sangmeister/Schönstedt 2009: 117).

Wallerstein argumentiert dennoch aufbauend auf der Idee des Unequal Exchange und schreibt den Reichtum der Zentrumsstaaten denen für sie günstigen Terms-of-Trade zu. Arbeitsintensive Produkte könnten aus wirtschaftlich weniger entwickelten Gebieten – der Peripherie und Semiperipherie des Systems – billig importiert werden. Dabei findet ein Mehrwerttransfer von der Peripherie beziehungsweise der Semiperipherie ins Zentrum statt, in welchem folglich eine erhöhte Kapitalkonzentration vorzufinden ist (vgl. Wallerstein 1984: 25f.).

Die Ricardianische Außenhandelstheorie, die den Freihandel aufgrund komparativer Kostenvorteile befürwortet, wird von Wallerstein klar kritisiert. Nach Ricardo soll jedes Land die Güter produzieren und exportieren, welche es selbst am relativ günstigsten herstellen kann. Die Güter, die nur sehr teuer eigenständig herzustellen sind, sollen importiert werden. Somit kann nach Ricardo im internationalen System des freien Warenaustausches kein Land ökonomisch verlieren, was auch die Entwicklung von rückständigen peripheren Gebieten befördern würde. Da die überwiegend Primärgüter exportierenden peripheren Gebiete jedoch einem langfristigen Preisverfall ihrer Produkte ausgeliefert sind, müssen sie nach Ausführungen des für die Dependenztheorie bedeutenden Ökonomen Raul Prebisch immer mehr Primärgüter im Austausch für den Import von Industrieprodukten herstellen, was einen wohlfahrtsmindernden

Effekt für die peripheren Zonen des Weltsystems darstellt. Das ungünstige Austauschverhältnis für die peripheren Gebiete führt Prebisch im Wesentlichen auf zwei Einflussfaktoren zurück: die ungleichmäßige Diffusion von technischem Fortschritt sowie die verschiedenen Preiselastizitäten von Primär- und Industriegütern. Ein einfaches Beispiel kann diesen Sachverhalt verdeutlichen: Wenn das Einkommen steigt, dann steigt die Nachfrage nach Kaffee nicht im gleichen Ausmaß wie die Nachfrage nach Industrieprodukten, da nur begrenzt Kaffee getrunken werden kann. Daraus folgt, dass Einkommensüberschüsse vorwiegend Industriegütter produzierenden Gebieten zugute kommen (vgl. Matis/Bachinger 2004: 6f.). Die Kritik an diesem Mechanismus kann an dieser Stelle nicht weiter vertieft werden (vgl. aber Sangmeister/Schönstedt 2009: 118f.).

Die mit dem Mehrwerttransfer erzielten Geldmittel werden vom Zentrum des kapitalistischen Systems zum weiteren Ausbau des Mechanismus genutzt; das Kapital schafft die finanzielle Basis und die politischen Bestrebungen, starke Staatsmaschinerien in den Zentrumsstaaten zu errichten. Diese haben unter anderem die Aufgabe, die Staatsapparate in den peripheren Gebieten zu schwächen oder schwach zu halten. Unter Ausnutzung dieser dominanten Stellung konnten die starken Staaten im Zentrum die schwachen peripheren Gebiete dazu drängen, sich auf bestimmte Aufgaben in den unteren Hierarchieebenen der Warenketten zu spezialisieren, und festigten auf diese Weise ihre eigene Vormachtstellung im System (vgl. Wallerstein 1984: 25f.). So bedeute Kapitalismus nicht nur die Mehrwertaneignung durch die Produktionsmittelbesitzer auf nationalstaatlichem Niveau, sondern auch die Aneignung des internationalen Surplus durch die Zentrumsstaaten (vgl. Wallerstein 1979: 47).

Die Stärke der Staatsmaschinerie zeigt sich zum einen gegenüber anderen Staaten des Zentrums, zum anderen gegenüber den peripheren Gebieten im ökonomischen System, wobei diese Herrschaft sowohl de jure als auch de facto vorliegt. Der starke Staat ist auch gegenüber jeglichen sozialen Gruppierungen innerhalb des Staates dominant. Allerdings wird der Staat nach Wallerstein ebenfalls von sozialen Gruppierungen kontrolliert und gesteuert. Der Einfluss dieser Gruppen kann variieren. Es ist jedoch nicht so, dass der Staat lediglich ein neutraler Schiedsmann ist, der den einwirkenden Kräften ausgeliefert ist.

Der Staat ist Wallerstein zufolge eine teilweise autonome Einheit in dem Sinne, dass ihm eine Bandbreite von Handlungen zur Verfügung steht, die durch die unterschiedlichen Interessen innerhalb des Staates gebildet worden sind und diese reflektieren – auch wenn „the bounds of these margins are set by the existence of some groups of primordial strength" (Wallerstein 1976: 6). Diese teilweise Autonomie des Staatsapparates könne nur gesichert werden, wenn sie im Interesse einer Gruppierung sei: den Beamten und der staatlichen Bürokratie. Wallerstein führt aus, dass die Gruppe der Staatsbeamten den starken Staat als beste zur Verfügung stehende Ausgestaltung im Interesse der zwei einflussreichsten Gruppen im Weltsystem sichert: der aufstrebenden kapitalistischen Klasse und der alten aristokratischen Hierarchien. Für die kapitalistische Klasse hat der starke Staat die Funktion eines nicht vernachlässigbaren Abnehmers ihrer Produkte beziehungsweise der gesellschaftlichen Verteilung ihrer ökonomischen Verluste auf eine relativ reiche Bevölkerung. Weiterhin schützt der Staat lokal und international das Privateigentum, liefert durch nationalistische und rassistische Ideologien eine soziale Rechtfertigung für rücksichtsloses Gewinnstreben (siehe Kapitel 3.5) und dämmt den Aufbau von undurchlässigen Staatsgrenzen oder Schutzzöllen ein, welche die kapitalistische Produktionsweise beeinträchtigen.

Für die aristokratische Klasse hingegen dient der Staat mehr als eine Art Bremse dieses kapitalistischen Prozesses, der die Machtstrukturen der Aristokratie unterwandert: Der Staat sichert der Aristokratie weiterhin gewisse Statuskonventionen. Die relativ unproduktive, kostenintensive Bürokratie ist beiden Gruppen zwar lästig, sie haben jedoch keine andere Möglichkeit, als diese Bürokratie zu ihren Gunsten zu beeinflussen und sich möglichst effektiv gegen ihre negativen Effekte abzuschirmen (vgl. Wallerstein 1976: 6f.). Seit der Ausgestaltung der großen Industriebetriebe und des Weltmarktes im modernen Repräsentativstaat ist jedoch die kapitalistische Klasse die im Wesentlichen manipulierende Kraft im Staat (vgl. Marx/Engels 1848: 21).

Ein starker Staat entwickelt nach Wallerstein überdies einen selbstverstärkenden Mechanismus: Mit Steuereinnahmen lassen sich die Bürokratie und die Armee des Staates effizienter und effektiver ausgestalten, was zu höheren Steuereinnahmen führt und den Staatsapparat noch mächtiger macht. Ebenso tendiert ein schwacher Staat dazu, immer schwächer zu werden. Somit ist es von immenser Bedeutung für die weitere Entwicklung einer Nation, diese Gratwanderung hinreichend zu steuern, da bereits eine kleine Schwäche zu einer großen Schwäche werden und den Abstieg aus dem Zentrum in die Semiperipherie oder in die Peripherie einläuten kann (vgl. Wallerstein 1976: 6f.).

3.5 Die Bedeutung von Ideologien im modernen Weltsystem

Die Verbreitung liberaler Strukturen ging nach Wallerstein Hand in Hand mit der systematischen Implementierung von Geisteshaltungen wie dem Universalismus, dem Nationalismus, Rassismus und Sexismus einher (vgl. Wallerstein 2002: 27ff.). Dies sollte dazu dienen, das kapitalistische System zu bewahren, seine Strukturierung zu legitimieren sowie einen zu schnellen Wandel des Systems hinsichtlich liberalerer Ausprägungen kontrollierbarer machen (vgl. Balibar/Wallerstein 1990: 87ff.). Die Arbeitsteilung innerhalb des Systems ist Wallerstein zufolge neben geographisch-ökologischen Überlegungen zu einem Großteil auf sozial diskriminierende Ideologien zurückzuführen, die die vermeintliche alleinige Leistungsfähigkeit einiger Gruppierungen legitimieren und innerhalb des Systems die Ausbeutung der Arbeitskraft von Gruppierungen zur Erzielung eines höheren Mehrwerts rechtfertigen sollen (vgl. Wallerstein 1976: 3). Der Universalismus dient nach Wallerstein der Verbreitung einer homogen geprägten Kultur. Dank dieser Verbreitung einer Vereinheitlichung, gestützt durch Argumente der Aufklärung, das heißt eines ideologischen globalen Kulturkampfes der modernen Welt gegen angeblich überholte Traditionen im Namen des Fortschritts, können ökonomische und politische Variablen effizienter kalkuliert werden.

Die Zugangsschranke zu liberalen Staaten ist die jeweilige Staatsbürgerschaft. Nur der Staatsbürger kann an den wirtschaftlichen, politischen und sozialen Rechten in diesem Staat vollkommen teilhaben. Mit ihrer Verweigerung oder Erteilung kontrolliert der Staat die Anzahl der Menschen, die demokratisch auf die Entscheidungen im Staat Einfluss nehmen können. Nationalismus gepaart mit Rassismus diente der Schaffung von menschlichen Gruppierungen, welche sich so separieren und damit besser steuern ließen. Durch eine derartige Kategorisierung wurden Menschen auf bestimmte Verhaltensweisen, zum Beispiel hinsichtlich ihrer Erwerbsstrukturen, geprägt. Die gemeinsame, verbindende Ethnie und ihre jeweilige Historie führten dazu, dass diese Gruppierungen ihre Situation selbstständig verfestigten (Wallerstein 1984: 65ff.).

„Rassismus diente als allumfassende Ideologie zur Rechtfertigung von Ungleichheit. Aber er war noch viel mehr. Er diente dazu, Gruppen in ihrer eigenen Rolle in der Ökonomie zu sozialisieren. [...] Rassismus funktionierte, genau wie Sexismus, als Ideologie zur Selbstunterdrückung; sie gestaltete und begrenzte die Erwartungen." (Wallerstein 1984: 68)

Der Sexismus dient also ebenso der vorteilhafteren Steuerung des Systems. Im Laufe des 19. Jahrhunderts entwickelte sich in der Arbeiterklasse ein vermehrtes Begehren, an politischen, wirtschaftlichen und sozialen Entscheidungen zu partizipieren. Die Beteiligung dieser Gruppe konnte aufgrund revolutionärer Befürchtungen nicht vollkommen umgangen, sollte jedoch auf ein Mindestmaß reduziert werden. Mittels einer gezielten Benachteiligung der Frau aufgrund ihrer Geschlechtszugehörigkeit ließen sich die neuen Rechte auf das männliche Geschlecht beschränken. Der Sexismus wurde durch die Herausgabe von nationalen Statistiken, die selbst ein Produkt des kapitalistischen Systems waren, institutionalisiert, indem die männlichen Arbeitskräfte als „Mitglieder der ökonomisch aktiven Arbeitskraft" (Wallerstein 1984: 20) eingestuft wurden. Eine Unterscheidung der Arbeit nach Geschlecht und Alter war selbstverständlich keine Erfindung des Kapitalismus. Während jedoch Frauen in anderen Systemen abweichende, aber dennoch gleichwertige Arbeiten verrichteten, wurde im kapitalistischen System gezielt nur der Wert der männlichen Arbeit betont. Dies rechtfertigte auch die zunächst alleinige Erteilung des Wahlrechts an Männer sowie weitere gesetzliche Differenzierungen zwischen den Geschlechtern. Die Hausarbeit der Frau als Subsistenztätigkeit subventionierte die Löhne der Arbeiter und hielt diese niedrig, was eine höhere Mehrwertabschöpfung durch die herrschende kapitalistische Klasse impliziert. Die alleinige Betonung des männlichen Beitrags zur Kapitalakkumulation schuf zudem psychologisch eine Solidarität der Männer mit dem eigenen Staat, was die Bereitschaft zur Revolution senkte und eine Aufwertung des Militärdienstes mit dem Ziel der leichteren Rekrutierung von Massenarmeen begünstigte (vgl. Wallerstein 1984: 20ff.).

4. Kritik an Wallersteins Weltsystemtheorie

Die Kritik am modernen Weltsystem ist zahlreich und vielfältig und kann hier nur in ihren bedeutendsten Ausprägungen Erwähnung finden. Generationen von Historikern haben sich mit der Erklärung der modernen Welt auseinandergesetzt und bringen Wallersteins Theorie teilweise harsche Kritik entgegen. Zunächst beeindruckt die scheinbar zwingende Logik der Wallersteinschen Argumentation, die sich in einer Fülle von Veröffentlichungen äußert. Bei näherer Betrachtung fallen jedoch einige Unvereinbarkeiten sowohl innerhalb seiner Darstellung und Argumentation selbst als auch insbesondere im Vergleich mit den Ausführungen zahlreicher bedeutender Historiker auf. Diese historischen Widersprüchlichkeiten und wissenschaftlichen Unschärfen können an dieser Stelle nicht vollständig präsentiert werden, einige Beispiele sollen jedoch genannt sein:

Nach Wallerstein ist der Bedarf an zusätzlichen Nahrungsmitteln ein wesentliches Motiv für die europäische Expansion. Die spanischen und portugiesischen Eroberer fokussierten sich jedoch hauptsächlich auf Gold, später auf Gewürze. Der ab dem 16. Jahrhundert in Südamerika vollzogene Anbau von Zucker war ebenfalls nicht als Ernährungsgrundlage für eine breite Bevölkerungsschicht geeignet. So lieferten die eroberten Gebiete gerade das nicht, was nach Wallerstein die Motivation für die Kolonialisierung der peripheren Gebiete war (vgl. Imbusch 1990: 36f.).

Eine weiterer Kritikpunkt bezieht sich auf Wallersteins ungenaue Definitionen der für die Weltsystemtheorie doch so zentralen Begriffe Zentrum, Semiperipherie, Peripherie und der Außenarenen seines modernen Weltsystems, die nirgends im Text präzise definiert werden (vgl. Hechter 1975: 65). Als Beispiel für diesen Kritikpunkt soll eine Unklarheit bezüglich Wallersteins Beschreibung von Außenarenen und ihren Eigenschaften dienen. Der spanische Zuckeranbau in den peripheren Regionen Mittel- und Südamerikas war im 16. Jahrhundert durch seine relativ simple, jedoch arbeitsintensive Anbauweise charakterisiert. Daher waren Sklaven, die aus Afrika nach Südamerika verschifft wurden, ideale Arbeitskräfte für den Zuckeranbau. Wallerstein argumentiert nun, dass Arbeitskräfte aus Gebieten kamen, die (noch) nicht Teil des modernen Weltsystems waren (Außenarenen), wodurch diese Staaten in ihrer Entwicklung von den Aktivitäten des modernen Weltsystems nicht direkt betroffen gewesen waren (vgl. Wallerstein 1986: 119f.). Hier wird die unscharfe Abgrenzung deutlich. Wallerstein zufolge handelt es sich um Außenarenen, wenn der Kontakt des Weltsystems mit diesen Gebieten, zum Beispiel in Form von Handel, keine nennenswerten Auswirkungen auf die interne Entwicklung dieser Gebiete hat. Dies erscheint nicht plausibel, da der nicht unwesentliche Bevölkerungsschwund aufgrund von Sklavenhandel sicherlich Effekte auf die Entwicklung afrikanischer Gesellschaften hatte (vgl. Wolf 1986: 289ff.). Wallerstein reduziert somit in seiner historischen Darstellung die Komplexität des Systems und erläutert einige historische Zusammenhänge seiner Theorie nicht exakt und schlüssig.

Weiterhin wird sein eurozentrischer Ansatz kritisiert, bei dem Europa als handelnder Aktivpart und der Rest der Welt als überwiegend passiv handelnd dargestellt werden. Die vielseitige Entwicklung der asiatischen Imperien, besonders die ökonomische Bedeutung von China als Handelsmacht, findet nur eine unzureichende Betrachtung (vgl. Nolte[2] 1993: 77ff.).

Somit bezieht sich die Kritik auch auf die räumlich zu stark abgrenzende Analyse von Wallersteins Theorie, vor allem in Bezug auf die Betrachtung der ursprünglichen Entstehung des kapitalistischen Weltsystems. Den verschiedenen Einflüssen der zu Beginn noch nicht inkorporierten Außenarenen wird einigen Kritikern zufolge zu wenig Aufmerksamkeit gewidmet. Historisch wird auch die zeitliche Einordnung Wallersteins in Bezug auf den Übergang zum kapitalistischen Weltsystem kritisiert. Während einige Historiker eine frühere Einordnung befürworten, nehmen andere eine spätere historische Verortung der Transformation in ein kapitalistisches Weltsystem vor. Erstere verweisen zum Beispiel auf die frühe Bedeutung von mittelalterlichen Fernhandelsbeziehungen mit Gold und Textilien, letztere auf die Bedeutung der industriellen Revolution im 18. Jahrhundert in England.

Für andere Kritiker hingegen ist Wallersteins analytische Betrachtungsweise zu umfassend. Nicht mehr der Nationalstaat, eine Region oder die internationale Ebene sind Gegenstand der Analyse, sondern das allumfassende Weltsystem. Wallerstein verkehre damit die analytischliberale Basis in ihr Gegenteil: Der Nationalstaat ist nach Wallerstein primär externen Einflüssen wie Handel und Krieg ausgeliefert, während innergesellschaftliche Vorgänge im Staat seine Entwicklung nur peripher beeinflussen. Dass dies tatsächlich so sei, wird bezweifelt: Wenn das Wallersteinsche Weltsystem allumfassend ist, dann sind externe und interne Faktoren schließlich beide im System der Klassenkämpfe, Warenketten und nationalstaatlichen Hierarchien inkludiert und voneinander dialektisch unbedingt abhängig. Somit sind weder externe noch interne Faktoren, die den Nationalstaat beeinflussen, durch eine gesteigerte systemische Bedeutung charakterisiert, da interne nationalstaatliche Entwicklungen das gesamtheitliche interdependente Weltsystem beeinflussen und folglich wiederum externe Faktoren stimulieren würden.

Auch Wallersteins marxistische Einflüsse erfahren in der Kritik gegensätzliche Interpretationen (vgl. Goldfrank 2000: 188ff.). Einigen ist Wallersteins Theorie zu marxistisch. Von der prinzipiengeleiteten Vernachlässigung kulturbedingter Erklärungen polit-ökonomischen Wandels über die unzureichende Betrachtung von komparativen Kostenvorteilen und der wechselseitigen handelsbedingten Profitabilität im Weltsystem bis hin zur Konstruktion „of a framework founded on class analysis alone" (Zolberg 1979: 46) stoßen viele Aspekte auf Kritik. Anderen wiederum geht der marxistische Einfluss nicht weit genug. Sie fordern eine stärkere Fokussierung der Wallersteinschen Analyse auf die kapitalistischen Produktionsverhältnisse im modernen Weltsystem und eine größere Betonung der Klassentheorie Marx' (selbstverständlich bezieht sich die Kritik an Wallersteins Theorie auch auf die Kritik an Marx' Theorie, dies kann in dieser Arbeit jedoch nicht weiter ausgeführt werden). Letztlich wird zudem Wallersteins ökonomische Betrachtungsweise kritisiert, wobei auch an dieser Stelle die Stimmen konträr sind – zu unökonomisch Wallersteins Analyse den einen, zu ökonomisch den anderen (vgl. Goldfrank 2000: 188ff.).

„Thus strong states and international political domination assume crucial roles in this theory – though, just like the developmentalists, he reduces politics to economic conditions and to the expression of the will of the dominant groups within each national arena!" (Skocpol 1977: 1089)

Imbusch kritisiert darüber hinaus Wallersteins ökonomische Argumentation bezüglich der Wirkungsweise des ungleichen Tausches, welche zwei unterschiedliche Arten beinhaltet. Diese würden sich logisch widersprechen und ließen sich nicht miteinander vereinbaren (vgl. Imbusch 1990: 79ff.).

Die Weltsystemtheorie hat einige Fehler und Schwachstellen. So ist ihre ökonomische Historie teilweise fehlerhaft, es gilt noch viele empirische und theoretische Lücken zu schließen und die Argumentation gegen das vorherrschende kapitalistische System kann nicht mit einer überzeugenden Alternative aufwarten. All dies kann Wallersteins Weltsystemtheorie jedoch nicht ihre Bedeutung absprechen. Die alleinige Analyse von isolierten Staaten ist irreführend – sie verbirgt die starken internationalen Kräfte im System der Nationalstaaten und kann zu unvollständigen Schlussfolgerungen in Bezug auf soziologische Probleme führen. „Sociology has tended to fall into this kind of trap" (Chirot/Hall 1982: 102). Somit kann die Wallersteinsche Weltsystemtheorie als notwendiger Hinweis darauf betrachtet werden, dass eine weltweite interdependente Perspektive eine unerlässliche Anforderung an die Sozialwissenschaften sein muss. Ebenso ist die Erkenntnis, dass bei der Betrachtung von sozialwissenschaftlichen Problemen oder Veränderungsprozessen die Historie der vergangenen Jahrhunderte in die Analyse miteinbezogen werden sollte, ein bedeutendes Verdienst Wallersteins. All dies ist im Wesentlichen nicht vollkommen neu und muss nicht mit einer politisch linksgerichteten Ideologie einhergehen, wobei die Bedeutung der Wallersteinschen Ausführungen sowieso nicht ihrem ideologischen Standpunkt zuzurechnen ist (vgl. Chirot/Hall 1982: 102f.).

5. Fazit

Wallersteins Weltsystemtheorie hat sich ein gewaltiges Ziel gesteckt: die Erklärung der globalen Zusammenhänge unserer heutigen Welt. Dies ist ein schwieriges, vielleicht unmögliches Unterfangen. Zu komplex die Wirkungszusammenhänge der Historie, zu mächtig der unablässig neu hinzukommende historische und sozialwissenschaftliche Wissensstand, um alles vollkommen schlüssig in ein einziges umfassendes Theoriegebäude einzuarbeiten (vgl. Imbusch 1990: 139f.). Der Versuch Wallersteins ist jedoch bewundernswert. Überwiegend bestechend und faszinierend in seiner Argumentation der historischen und soziokulturellen Zusammenhänge eines hierarchisch-kapitalistischen Weltsystems, liefert die Weltsystemtheorie wertvolle Ideen für eine interdisziplinär historisch orientierte sozialwissenschaftliche Forschung.

Wallersteins Theorie unternimmt im Kontext der Erklärung der historischen Entstehung des kapitalistischen Weltsystems auch den Versuch, die interdependente Entstehung von Entwicklung und Unterentwicklung zu erklären. Wallerstein übernimmt Kerngedanken der Dependenztheorie, indem auch er postuliert, dass Entwicklung und Unterentwicklung zwei Seiten derselben Medaille sind, dass also die fortschrittlichsten Staaten im Zentrum des kapitalistischen Weltsystems ihren ökonomischen Wohlstand auf Kosten der Entwicklung der peripheren Gebiete erlangt haben. Auch diese Erklärungen sind zunächst beeindruckend, bei einer genaueren Betrachtung erscheinen jedoch einige Argumente Wallersteins zu undifferenziert, nicht schlüssig und bedürfen einer genaueren Bearbeitung. Die Weltsystemtheorie erscheint bei näherer Untersuchung streckenweise äußerst abstrakt und kann viele nationale Besonderheiten und soziologische Differenzierungen in den unterschiedlichsten Gesellschaften nicht erfassen. Es ist in Modellen unerlässlich zu abstrahieren. Dies darf allerdings nicht zur Unterschlagung von historischen Entwicklungen führen – „Abstraktionen müssen Ausdruck der Wirklichkeit bleiben" (Imbusch 1990: 140). Es kann allerdings auch nur begrenzt vorhergesagt werden, ab welchem Punkt das Abstraktionslevel eines Modells nicht mehr wissenschaftlich befördernd ist (vgl. Imbusch 1990: 140f.).

Abschließend kann resümiert werden, dass die Rezeption der Weltsystemtheorie in den Sozial- und Geisteswissenschaften sehr unterschiedlich ausfällt, da der tendenziellen Richtigkeit erhebliche Mängel in der Analyse und Methodik zugrunde liegen (vgl. Imbusch 1990: 144). Andererseits kann die Bedeutung einiger Aussagen Wallersteins nicht abgestritten werden, zum Beispiel, dass durch Kolonialisierungsprozesse in Afrika oder Lateinamerika die Nationalstaaten in diesen Gebieten erst gebildet und über eine lange Zeitspanne hinweg systematisch ausgebeutet wurden. Ohne solch eine Vorgehensweise der Kolonialmächte hätte der Wohlstand, den diese erreicht haben, wahrscheinlich nicht in dem Ausmaß befördert werden können, wie es geschehen ist.

In Bezug auf die Rolle der Entwicklungsländer in der (neuen) Weltwirtschaftsordnung sei hinzugefügt, dass die momentane Wirtschaftskrise im Wallersteinschen Sinn eine Schwächung des modernen Weltsystems und der Hegemonialmächte im Zentrum hervorgerufen hat. In dieser Phase „öffne sich ein Zeitfenster, in dem jeder die Möglichkeit habe, die Zukunft durch sein individuelles Handeln zu beeinflussen" (Sangmeister/Schönstedt 2009: 81). Somit könnte man die Krisensituation als Katalysator eines Prozesses verstehen, der ein bereits bestehendes Forum, die G20, zu einem zentralen Element einer globalen Governance-Architektur erhoben hat, über das periphere Gebiete in Zukunft wahrscheinlich mehr Mitspracherechte in der (neuen) Weltwirtschaftsordnung haben werden und ihre Positionen in der weltweiten Staatenhierarchie verbessern können, sofern der Prozess mit realpolitischen Veränderungen, vor allem einer verbesserten machtpolitischen Einbindung in die Bretton-Woods-Institutionen, einhergeht (vgl. Sachs 2009). Die Ausgestaltung dieses zentralen politischen Koordinationsmechanismus und einer globalen demokratischen Governance-Architektur sind wünschenswert.

Literaturverzeichnis

Balibar, Etienne; Wallerstein, Immanuel Maurice (1990): Rasse, Klasse, Nation. Ambivalente Identitäten. Hamburg: Argument-Verlag.

Binghamton University (2004): Immanuel Wallerstein. Curriculum Vitae. URL: http://fbc.binghamton.edu/iwcv1004.pdf Abgerufen am: 15.08.09.

Braudel, Fernand (1986): Aufbruch zur Weltwirtschaft. Sozialgeschichte des 15.-18. Jahrhunderts. München: Kindler.

Burke, Peter (1991): Offene Geschichte. Die Schule der „Annales". Berlin: Wagenbach.

Chirot, Daniel; Hall, Thomas D. (1982): World-System Theory, in: Annual Review of Sociology Vol. 8., S. 81-106.

Emmanuel, Arghiri (1972): Unequal Exchange: A Study of the Imperialism of Trade. New York: Monthly Review Pr.

Fetscher, Irving (1999): Nachwort, in: Marx, Karl; Engels, Friedrich (1848): Manifest der kommunistischen Partei, Stuttgart: Philipp Reclam jun. GmbH 2009, S. 81-91.

Frank, André Gunder (1969): „Die Entwicklung der Unterentwicklung", in: Echeverría, Bolívar; Kurnitzky, Horst (Hrsg.), Kritik des bürgerlichen Anti-Imperialismus, Berlin: Wagenbach, S. 30-45.

Frank, André Gunder (1979): Über die sogenannte ursprüngliche Akkumulation, in: Senghaas, Dieter (Hrsg.), Kapitalistische Weltökonomie. Kontroversen über ihren Ursprung und ihre Entwicklungsdynamik, Frankfurt am Main: Suhrkamp Verlag, S. 68-102.

Goldfrank, Walter L. (2000): Paradigm Regained? The Rules of Wallerstein's World-System Method, in: Journal of World-Systems Research: Festschrift for Immanuel Wallerstein, S. 150-195. URL: http://www.social-sciences-and-humanities.com/PDF/festschrift1.pdf#page=6 Abgerufen am: 25.08.09.

Hack, Lothar (2005): Auf der Suche nach der verlorenen Totalität. Von Marx' kapitalistischer Gesellschaftsformation zu Wallersteins Analyse der „Weltsysteme"?, in: Heintz, Bettina; Münch, Richard; Tyrell, Hartmann (Hrsg.), Weltgesellschaft. Theoretische Zugänge und empirische Problemlagen, Stuttgart: Lucius & Lucius, S. 120-158.

Hechter, M. (1975): The Modern World System, in: Contemporary Sociology IV, S. 221ff.

Hopkins, Terence. K.; Wallerstein, Immanuel (1979): Grundzüge der Entwicklung des modernen Weltsystems. Entwurf für ein Forschungsvorhaben, in: Dieter Senghaas (Hrsg.), Kapitalistische Weltökonomie. Kontroversen über ihren Ursprung und ihre Entwicklungsdynamik, Frankfurt am Main: Suhrkamp Verlag, S. 151-200.

Imbusch, Peter (1990): Das moderne Weltsystem. Eine Kritik der Weltsystemtheorie Immanuel Wallersteins. Marburg: Verl. Arbeit u. Gesellschaft.

Le Monde (2008): Le Capitalisme touche à sa fin.
URL: http://www.lemonde.fr/la-crise-financiere/article/2008/10/11/le-capitalisme-touche-a-sa-fin_1105714_1101386.html
Abgerufen am: 17.08.2009.

Marx, Karl; Engels, Friedrich (1848): Manifest der Kommunistischen Partei. Stuttgart: Philipp Reclam jun. GmbH 2009.

Matis, Herbert; Bachinger, Karl (2004): Dependenz- und Welt-System-Theorie. Die Entwicklung der Unterentwicklung.
URL: http://www.wu.ac.at/inst/vw3/telematik/download/wsg7.pdf
Abgerufen am: 20.08.2009.

Nolte, Hans-Heinrich (1993): Die eine Welt. Abriß der Geschichte des internationalen Systems. 2. Auflage. Hannover: Fackelträger-Verlag.

O´Neill, Jim; Poddar, Tushar (2008): Ten Things for India to Achieve its 2050 Potential.
URL: http://www2.goldmansachs.com/ideas/brics/ten-things-doc.pdf
Abgerufen am 20.08.09.

Sachs, Jeffrey (2009): America has passed on the baton.
URL:http://www.ft.com/cms/s/0/4bee5524-ad28-11de-9caf-00144feabdc0.html?nclick_check=1
Abgerufen am: 21.10.09.

Sangmeister, Hartmut; Schönstedt, Alexa (2009): Wege und Irrwege zum Wohlstand. Theorien und Strategien wirtschaftlicher Entwicklung. Baden-Baden: Nomos Verlagsgesellschaft.

Senghaas, Dieter (1979): Vorwort, in: Senghaas, Dieter (Hrsg.), Kapitalistische Weltökonomie. Kontroversen über ihren Ursprung und ihre Entwicklungsdynamik, Frankfurt am Main: Suhrkamp Verlag, S. 7-30.

Skocpol, Theda (1977): Wallerstein´s World Capitalist System: A Theoretical and Historical Critique, in: American Journal of Sociology Vol. 82, No. 5., S. 1075-1090.

Wallerstein, Immanuel Maurice (2002): Utopistik. Historische Alternativen des 21. Jahrhunderts. Wien: Promedia.

Wallerstein, Immanuel Maurice (1989): Das moderne Weltsystem III. Die große Expansion. Die Konsolidierung der Weltwirtschaft im langen 18. Jahrhundert. Wien: Promedia 2004.

Wallerstein, Immanuel Maurice (1986): Das Moderne Weltsystem. Die Anfänge kapitalistischer Landwirtschaft und die europäische Weltökonomie im 16. Jahrhundert. Frankfurt am Main: Syndikat.

Wallerstein, Immanuel Maurice (1984): Der historische Kapitalismus. Berlin: Argument.

Wallerstein, Immanuel Maurice (1980): Das moderne Weltsystem II. Der Merkantilismus. Europa zwischen 1600 und 1750. Wien: Promedia 1998.

Wallerstein, Immanuel Maurice (1979): Aufstieg und künftiger Niedergang des kapitalistischen Weltsystems. Zur Grundlegung vergleichender Analyse, in: Senghaas, Dieter (Hrsg.), Kapitalistische Weltökonomie. Kontroversen über ihren Ursprung und ihre Entwicklungsdynamik, Frankfurt/Main: Suhrkamp-Verlag, S. 31-67.

Wallerstein, Immanuel Maurice (1976): The Modern World-System.
URL: http://marriottschool.byu.edu/emp/WPW/Class%209%20-%20The%20World%20System%20Perspective.pdf
Abgerufen am: 19.08.09.

Wolf, Eric (1986): Die Völker ohne Geschichte. Europa und die andere Welt seit 1400. Frankfurt: Campus-Verlag.

Yale University (2009): Immanuel Wallerstein.
URL: http://www.yale.edu/sociology/faculty/pages/wallerstein/
Abgerufen am: 15.08.09.

Zolberg, Aristide R. (1979): Origins of the Modern World System: A Missing Link. Paper presented at the 1979 Annual Meeting of the American Political Science Association, Washington DC.

Lightning Source UK Ltd.
Milton Keynes UK
UKHW010403180223
417189UK00004B/264